LE DERNIER JOUR DU CORPS LÉGISLATIF

SÉANCE INÉDITE

LE DERNIER JOUR

DU

CORPS LÉGISLATIF

SÉANCE INÉDITE

PARIS
IMPRIMERIE PARISIENNE, DUFOUR ET Cie
Boulevard Bonne Nouvelle, 26, et imp. Bonne Nouvelle, 5

Une communication intéressante nous arrive.

O *Moniteur!* tu nous a trompés!

La dernière séance du Corps législatif n'a pas paru dans tes colonnes.

Elle a été heureusement recueillie par un sténographe.

Nous la livrons à la publicité, heureux de combler une lacune dans nos annales parlementaires.

COMPTE RENDU PARASITE

PARALLÈLE, PERPENDICULAIRE

OU AUTRE

Séance du 29 Juillet 1868

La séance est ouverte à 2 heures.

M. le président Schneider est au fauteuil. Il est assisté du moelleux Alfred Leroux, du pétulant Jérôme David et de l'épais Du Miral, vice-présidents.

Les tribunes sont encombrées de parents et d'amis. Les bonnes de quelques-uns de ces messieurs, dont la sénilité est notoire, ont trouvé place dans les tribunes hautes. Ce ne sont pas les militaires du poste qui s'en plaignent.

Les huissiers ont beaucoup de peine à ramener les lauréats qui s'oublient à la buvette.

L'assistance se complète peu à peu.

A ce moment, une députation des théâtres de Paris (côté des dames) est introduite par l'honorable M. de Tillancourt, député de l'Aisne. Sensation prolongée; jeu de lorgnettes; froufrous de soieries. La température s'élève de plusieurs degrés.

M. LE PRÉSIDENT SCHNEIDER. — Voyons, un peu de tenue, messieurs.

M. DU MIRAL. — Nous ne *que*mencerons jamais; voilà le corps diplomatique qui arrive seulement.

M. JÉROME DAVID, austère et pudique. — Du Miral, votre excuse est dans votre myopie; ce n'est pas le corps diplomatique, c'est le corps de ballet. (*Rien de Francisque.*)

CHŒUR D'HUISSIERS. — Faites *silince*, messieurs !

L'ordre se rétablit peu à peu. Les trois divisions sont au complet.

La majorité se masse, drue et compacte, sur les bancs de la droite et du centre. Le tiers parti et l'opposition occupent le côté gauche. Les membres du cabinet et les commissaires du gouvernement n'assistent pas à cette fête, toute de famille. Seul M. Duruy a été admis dans l'enceinte, qu'il affectionne parce qu'elle est de forme *circulaire*.

M. SCHNEIDER. — *Ornatissimi auditores, vosque studiosissimi discipuli... (Interruption.)*

M. DURUY. — Très-bien ! j'aime le latin... mais je préfère la gymnastique. L'avenir est aux pompiers.

M. DE TILLANCOURT. — Parlez ! parlez !

M. SCHNEIDER. — Rassurez-vous, messieurs (*avec un sourire à l'adresse de la tribune des dames*), je sais devant qui nous parlons. Je m'exprimerai en français. (*Bruits divers.*)

M. BELMONTET.—Nous sommes tous Français ! (*Approbation.*)

M. SCHNEIDER. — Jeunes élèves, vous allez rentrer dans vos familles, vous allez vous retremper dans le sein de vos commettants.

M. DU MIRAL (*en sourdine*). — *Que*mettants.

M. SCHNEIDER. — Avant de quitter la cité de M. Haussmann... (*Agitation.*)

M. ERNEST PICARD. — Je demande la parole.

M. SCHNEIDER. — ... Et d'échanger les âcres voluptés de la Babylone moderne pour les joies pures du foyer départemental, ceux d'entre vous qui se sont distingués par leur bonne conduite, leur assiduité, leur travail, vont recevoir les récompenses qu'ils ont méritées. (*Mouvement.*)

M. GARNIER-PAGÈS. — Si j'avais un prix, c'est Dréo qui serait content !

M. GLAIS-BIZOIN (*entre ses gencives*). — A quand la loi sur la presse ?

M. SCHNEIDER (*doucement*). — Elle est votée — Petite loi sur la presse, votée. (*Hilarité.— Très-bien.*)

La musique de la garde nationale, croyant le discours fini, commence une fanfare. On a beaucoup de peine à la calmer.

M. DURUY. — Jolie musique ! mais j'aime mieux la grosse caisse.

CHŒUR D'HUISSIERS. — Faites *silince*, messieurs.

M. SCHNEIDER. — Jeunes élèves, avant de couronner vos jeunes fronts et de vous rendre à vos populations impatientes, j'ai pensé que pour égayer cette petite fête tout intime, nous pourrions procéder à quelques exercices spirituels... (*Mouvement en sens divers.*)

M. GUÉROULT. — Pas de capucinades !

UN MEMBRE. — A Ménilmontant, M. Guéroult !

UN AUTRE MEMBRE. — Très-bien ! il a son paquet ! (*le sixième.*)

M. HAVIN (*avec un bégayement prononcé*). — Les con... gré... ga... tions ! (*Il retombe épuisé.*)

MM. KOLB-BERNARD, PLICHON, LA TOUR ET *tutti quanti*. — A l'ordre!

M. GRANIER DE CASSAGNAC. — Respectez la foi de nos pères!

M. SCHNEIDER. — Il y a un malentendu! (*C'est vrai!*) J'ai voulu parler d'exercices d'esprit. (*Ah! ah!*) Je respecte toutes les convictions; je dirai plus, je les respecte (*Approbations bruyantes et prolongées.*)

(*A M. Jérome David.*) — Voilà, jeune homme, comment on mène les masses.

Les exercices vont commencer. Le programme est varié: il mêle, comme dit Virgile, *utile dulci*.

M. DURUY (*avec une nuance de dédain*). — Térence, donc!

M. SCHNEIDER. — L'ordre du jour appelle un duo de MM. Liégeard et Belmontet, *le Pâtre et le Guerrier*. (*Mouvement d'attention.*)

M. LIÉGEARD (*s'accompagnant sur sa guiterre.*)

J'aime une gente bachelette
Qui vient ici chaque matin.
Je voudrais baiser, sur l'herbette,
La trace de son pied mutin.

M. BELMONTET (*avec accompagnement de couteau à papier*).

Dans la mollesse peut-on vivre?
Les champs ont de fades odeurs;
Celle de la poudre m'enivre;
J'aime la guerre et ses fureurs.

M. LIÉGEARD.

Des rois, si je pouvais lui plaire,
Non, je n'envierais point le sort.

M. BELMONTET :

Avec la perfide Angleterre,
Moi, je rêve une lutte à mort.

(*Reprise ensemble du premier couplet.*)

Ces messieurs, en regagnant leurs places, reçoivent les félicitations d'un grand nombre de leurs collègues.

Les moustaches frisées et les favoris roulés de M. Liégeard font des ravages dans la tribune des dames. Les huissiers sont fort occupés à lui apporter des cartes de visite. M. Lespès lui demande l'autorisation de mettre sur son enseigne : Fournisseur de M. Liégeard. Le député de la Moselle répond avec un geste noble : J'y songerai.

M. SCHNEIDER. — M. Jules Simon va maintenant pleurnicher une conférence sur les cours d'adultes.

M. JULES SIMON. — Je suis trop ému... Ces pauvres adultes...

M. DE TILLANCOURT. — Au pied du mont *Adulte*, entre mille roseaux...

M. GLAIS-BIZOIN. — N'interrompez pas ! c'est indécent !

M. JULES SIMON. — Non, je ne pourrai jamais... J'ai oublié mon mouchoir ; je renonce à la parole.

M. Duruy le reçoit dans ses bras ; ils se pleurent mutuellement dans le gilet. Plusieurs dames demandent ce que c'est qu'un adulte.

M. PRUDHOMME (*dans la tribune*). — C'est l'homme parvenu au complet développement de ses facultés morales, intellectuelles et physiques.

(Rougeurs dissimulées derrière les éventails chez les dames de quarante ans.)

M. Jules Simon, succombant à son émotion, s'éponge le front avec le mouchoir du ministre (*Tableau.*)

M. PELLETAN (*furieux*). — A bas l'obscurantisme ! La lumière pour tous ! Chaque Français doit pouvoir lire la *Tribune!* (*Réclamations bruyantes.*)

M. SCHNEIDER. — J'engage l'honorable député de Montreuil à se calmer. Qu'il mette dans sa parole un peu du velouté des fruits qu'il a l'honneur de représenter (*Rires approbatifs.*)

L'ordre du jour appelle une charade par M. Chesnelong.

M. CHESNELONG.

Mon premier vous nourrit, moutons à blanche laine,
Lorsqu'il est bémol, mon second
Donne aux ténors bien de la peine...
Bien de la peine... bien de la peine.

L'honorable membre boit avec frénésie son verre de sirop de groseille.

PLUSIEURS MEMBRES. — Reposez-vous.

M. Chesnelong cherche fiévreusement un papier dans sa poche. Les conversations particulières vont leur train.

Le papier sauveur est enfin trouvé.

CHŒUR D'HUISSIERS. — Faites *silince*, messieurs !

M. CHESNELONG (*lisant*).

..... Donne aux ténors bien de la peine.
Mon troisième, s'il est du fond,
Ne se peut arracher sans une grande gêne.
Mon tout, plein de sens et d'honneur,
Est nommé par l'Empereur !

M. SCHNEIDER. — Allons, messieurs, le mot? (*Chuchottements.*)

LE COLONEL REGUIS. — Mille bombes ! j'ai trouvé : c'est... général de division. (*Oui, oui ! Non, non !*)

M. GLAIS-BIZOIN. Toujours du militarisme ! (*Bruit.*)

M. BELMONTET. — Il faut que la France soit forte. (*Très-bien!*)

M. SCHNEIDER. — Le mot n'est pas trouvé; allons, messieurs, un peu de courage!

M. HAENTJENS. — J'ai le mot, c'est receveur général!

M. LE BARON GEIGER. — Non, c'est sénateur!

M. SCHNEIDER. — Ce n'est pas, messieurs, sans une certaine rougeur au front que je constate la décrépitude de vos intelligences. M. Chesnelong, dites le mot.

M. CHESNELONG. — Mon premier est *pré*, mon second est *si* et mon troisième *dent*. — Mon tout...

M. DE CHAMPAGNY (*se frottant les mains et avec une joie d'enfant*). — J'ai trouvé, c'est président! (*Mouvement; l'honorable membre est félicité.*)

M. SCHNEIDER. — Comme je suis personnellement intéressé dans la charade, il ne n'appartient pas d'en faire ressortir toutes les finesses. (*Très-bien.*) M. Chesnelong, vos intentions sont bonnes, je le sais, mais il n'en est pas de même de votre mémoire.

Le député d'Orthez se jette dans les bras de l'honorable M. Larrabure qui l'étreint.

M. DE TILLANCOURT. — C'est dommage que vous ne vous appeliez pas Fernand.

M. CHESNELONG. — Pourquoi ?

M. DE TILLANCOURT. — Parce que je vous dirais : Vous n'aimez, Fernand, qu'Orthez. (*Oh! oh!*)

La chaleur est si grande qu'on emporte une dame évanouie. Plusieurs députés se précipitent pour lui ôter son corset. On fait circuler des boissons glacées avec des discours des honorables marquis d'Andelarre et baron de Janzé. Ce mode de congélation instantanée est très-utile, surtout pour la campagne.

M. SCHNEIDER. — Je crains que l'heure avancée ne nous permette pas de nous livrer à tous les exercices portés à l'ordre du jour. Je vais les appeler successivement ; la Chambre décidera.

Fanfare sur le gouvernement personnel, par M. Jules Favre.

LE BARON DE ROMEUF (*ou le Dernier des Cols crinoline*). — Assez! assez!

M. NOUBEL. — Allons donc! allons donc!

M. DE TILLANCOURT. — Parlez! parlez!

M. JULES FAVRE (*avec onction*). — Loin de moi, messieurs, la pensée de vouloir m'imposer à la Chambre. Cependant, si elle voulait me faire l'honneur de m'écouter, je ne la retiendrai pas plus de deux heures. (*Exclamations.*)

La clôture est prononcée.

M. E. PELLETAN (*toujours furieux*). — Le pays jugera! (*Bruit.*)

M. BETHMONT. — On étouffe la tribune! (*Nouveau bruit.*)

M. MAGNIN. — Nous en appelons à la postérité! (*Bruit croissant.*)

M. DE TILLANCOURT. — Il n'y a pas *magnin* de se faire entendre.

Pendant ce tumulte, l'honorable M. Jules Favre reste debout, les bras croisés sur sa poitrine. Il fait tête à l'orage avec le calme olympien que donne la conscience d'un devoir accompli.

M. SCHNEIDER. — Je continue : *Grande fantasia sur les bureaux arabes, par M. Jérôme David.*

Le jeune vice-président déclare renoncer à ce brillant morceau..

M. SCHNEIDER. — *Rêverie sur la dette flottante, par M. Garnier-Pagès.*

M. GARNIER-PAGÈS. — Je demande à développer.... (*Allons donc ! — Parlez !*)

M. GRANIER DE CASSAGNAC. — Et les quarante-cinq centimes ! (*Très-bien!*)

M. GARNIER-PAGÈS. — Quand j'avais l'honneur d'administrer les finances de mon pays... (*Oh ! là là !*).

M. PELLETAN (*de plus en plus furieux*). — Et vos treize cents milliards de déficit! (*Dénégations sur plusieurs bancs.*)

M. SCHNEIDER. — Calmez-vous, monsieur Pelletan.

M. E. PELLETAN. — Je ne veux pas me calmer, na!

Air : *Je suis le bouillant Achille.*

Je suis le bouillant Eugène,
Toujours menaçant;
Je déclame à perdre haleine,
C'est mon élément,
Et pourfends à la douzaine
Les moulins à vent.

Les tribunes reprennent en chœur :

Je suis le bouillant Eugène,
Toujours menaçant.

M. SCHNEIDER (*sévère, mais juste*).—Toutes les manifestations sont interdites. Si ce bruit recommence, je ferai évacuer les tribunes. — Vlan!

Suite de l'ordre du jour.

Dépôt du rapport de la loi relative à l'emprunt de la ville de Paris par M. Du Miral. (Mouvement d'attention).

M. DU MIRAL. — Je voudrais bien déposer

mon rapport, mais M. Rouher ne le veut pas.

M. Ernest Picard se lève pour parler. (*Agitation.*) Nous distinguons au milieu du bruit... « Les mandataires du pays... contribuables... le drame de la rue de la Paix... manque de contrôle... »

Le bruit couvre la voix de l'orateur, dont nous regrettons de ne pouvoir reproduire la pantomime vive et animée.

La Chambre prononce l'ordre du jour sur :

Éloge de lui-même, par M. Émile Olivier.

Chœur des trois anabaptistes, par MM. Émile, Isaac et Eugène Pereire.

Dans le Doubs abstiens-toi, proverbe en un acte par M. La Tour Du Moulin.

Étude sur Cromwell, le Protecteur, par MM. Pouyer-Quertier et Brame.

Fragments d'un poëme sur l'agriculture, par MM. de Beauverger et de Beauchamp.

*Scène de l'*Avare *de Molière (la cassette), par M. Achille Jubinal.*

M. SCHNEIDER. — Le dernier exercice est intitulé : *D'Andelarre et Darimon*, triolets, par un membre qui désire garder l'anonyme.

M. GLAIS-BIZOIN. — Citez les noms !

M. E. PELLETAN (*au comble de la fureur*). — A bas les masques !

M. J. FAVRE, (*d'une voix tonnante*). — Il n'y a que les mauvais gouvernements qui aient besoin de mystère. (*Bruits*). J'ajoute — t je suis sûr n'être pas démenti — qu'il est bien temps que la lumière se fasse sur tout et sur tous. Nous ne nous lasserons jamais de la revendiquer avec toute l'énergie que nous puisons au fond de nos consciences. (*Applaudissements à la gauche de l'orateur.*)

La séance est suspendue pendant quelques minutes.

M. SCHNEIDER. — La Chambre veut-elle entendre les *Triolets?* (*Oui, oui! — Non, non!*) Notre jeune et élégant secrétaire, M. Welles de Lavallette, va en donner lecture.

M. W. DE LAVALLETTE. — Oh ! yes, bien volontiers. (*Lisant.*)

Lequel des deux est le plus grand,
De Darimon, de d'Andelarre ?
On cherche, en les considérant,
Lequel des deux est le plus grand.
Mais entre eux rien n'est différent,
Et l'on ne sait, ô couple rare !
Lequel des deux est le plus grand
De Darimon, de d'Andelarre.

Lequel des deux est le plus froid,
De Darimon, de d'Andelarre ?
On se demande avec effroi
Lequel des deux est le plus froid ?
La raison, en plein désarroi,
Sur cette question s'égare :
Lequel des deux est le plus froid,
De Darimon, de d'Andelarre ?

(Mouvements divers. — Protestation des membres incriminés. — Le bruit nous empêche de les entendre.)

M. SCHNEIDER. — L'ordre du jour des exercices est épuisé. Il va être procédé à la distribution des récompenses. — Et d'abord en avant la musique.

Pendant le morceau M. Duruy, sur l'invitation de

M. le président, prend place au bureau; on craint un discours.

Le jeune Masséna, duc de Rivoli, est chargé d'appeler les lauréats.

La musique se tait : une anxiété profonde plane sur l'assistance.

M. Duruy se lève. (*Rumeurs prolongées.*)

CHŒUR D'HUISSIERS. — Faites *silince*, messieurs !

M. DURUY. — Je ne veux pas faire un discours (*Très-bien!*); je demande seulement la faveur de décerner les prix de gymnastique et de bon appétit. Je ne crains pas de le dire, l'avenir des sociétés modernes est là tout entier. (*Adhésion générale.*)

M. ÉMILE OLLIVIER — Permettez ! permettez ! Lorsque l'illustre Royer Collard montait à cette tribune pour répondre au célèbre Benjamin Constant... (*Interruption.*)

VOIX NOMBREUSES. — A la question !

M. ÉMILE OLLIVIER. — Eh ! c'est vous qui m'y mettez, à la question ! (*Bruyantes exclamations.*)

LE BARON DE ROMEUF (*basso profundo*). — A l'ordre, ventrebleu!

M. SCHNEIDER. — L'extrême chaleur est votre seule excuse : je veux bien ne pas vous rappeler à l'ordre; mais...

M. ÉMILE OLLIVIER. — Je m'en fiche comme de l'en...cyclique.

M. SCHNEIDER. — Qui donc êtes-vous pour me parler ainsi?

M. ÉMILE OLLIVIER :

AIR : *Je suis le bouillant Achille.*

Je suis le mystique Émile,
Chacun connait mon
Talent en détours habile,
Au changement prompt.
J'aurais l'esprit bien tranquille,
N'était Darimon. (*bis.*)

M. SCHNEIDER. — Ce n'est pas une raison, ou si c'en est une, elle est mauvaise. — Allez vous asseoir. — Nous n'en finirons pas si des incidents de ce genre sont soulevés à tout propos.

M. DARIMON. — Je demande la parole pour un fait personnel. (*Bruit. — Elle est trop forte! — Allons donc! — On ne nous la fait pas!*)

M. SCHNEIDER. — Je constate que le sentiment de la Chambre est unanime sur la répugnance que lui inspire le discours dont M. Darimon nous menace. (*Oui, oui.*)

M. Darimon s'agite au milieu du bruit. M. Pouyer-Quertier le saisit et le met dans son pupitre. Cette exécution rencontre l'assentiment général.

Une dame compatissante s'écrie : — Donnez-lui de l'air.

L'incident n'a pas d'autre suite.

M. SCHNEIDER. — Que la fête commence!

Le duc de Rivoli appelle les lauréats dans l'ordre suivant :

Prix d'équitation : M. Ancel.

M. DURUY. — C'est mon affaire.

Le ministre étreint le député du Havre, en lui remettant la *Théorie du cheval-vapeur*, par Franconi.

LE DUC DE RIVOLI. — *Prix de santé*, M. Pouyer-Quertier.

M. ÉMILE PEREIRE. — Je proteste! (*Agitation.*)

M. ISAAC PEREIRE. — Il proteste !

M. EUGÈNE PEREIRE. — Nous protestons !

M. POUYER-QUERTIER. — A moi, mes bons chiffres de Tolède! Brame, prenez le commandement de l'aile gauche.

M. BRAME. — Oui, pas de *quertier* à nos ennemis.

M. SCHNEIDER. — Si M. Pereire a quelque chose à dire, il a la parole.

M. E. PEREIRE. — Non, j'aime mieux répondre dans les journaux. (*Ah! ah!*)

CHŒUR DES PEREIRE. — Nous répondrons dans les journax. (*Assez ! assez !*)

M. SCHNEIDER. — M. Pouyer-Quertier, venez recevoir votre prix.

M. DURUY (*couronnant le jeune homme*). — Continuez, soignez le biceps.

LE DUC DE RIVOLI (*continuant l'appel*).

Prix de souffle, M. Pouyer-Quertier, déjà nommé. (*Applaudissements.*)

UN MEMBRE (*en sondeur.*) — C'est une injustice.

M. SCHNEIDER. — L'élève Pouyer-Quertier est au-dessus des insinuations de ce genre. On sait trop bien que nous lui devons les discours en deux séances. (*Oui, oui!*)

M. A. CHEVALIER. — Il a des protections !

M. POUYER-QUERTIER. — Oui, vive la protection ! — Vous avez livré la France aux filés étrangers.

M. A. CHEVALIER. — Vous êtes des monopoleurs ! Demandez à Michel.

M. ÉMILE PEREIRE. — Je le trouve amer, Michel.

M. DE TILLANCOURT. — Pourquoi vous tournez-vous vers Michel ?

M. SCHNEIDER — Continuez l'appel des lauréats.

M. LE DUC DE RIVOLI.— *Prix des anciens partis* : MM. Thiers et Berryer *ex æquo.*

M. DE TILLANCOURT. — Ils sont anciens, mais ils ne sont pas partis. (*On rit.*)

M. THIERS. — Messieurs, mon émotion n'était pas plus grande lorsque je fus appelé dans les conseils du roi Louis le Hutin, à son entrée dans sa bonne ville de Paris. (*Très-bien, très-bien!*)

M. BERRYER. — J'ai oublié mon gilet jaune. Je demande la remise à huitaine.

M. MARIE. — La cause est retenue.

MM. Berryer et Thiers retournent à leur place en fredonnant :

Jadis c'était différent,
Souvenez-vous-en. (*bis.*)

M. LE DUC DE RIVOLI. — *Prix spécial des rapporteurs.* — Ont couru : M. Busson-Billault (*budget*); M. Gressier (*loi sur l'armée*); M. Peyrusse (*loi sur les réunions*); M. Nogent-Saint-Laurens (*loi sur la presse*).

Le prix a été décerné au commandant Gressier.

M. DU MIRAL. Eh bien ! et moi ?

M. SCHNEIDER. — Déposez votre rapport sur l'emprunt de la ville de Paris.

M. E. PICARD. — Je demande la parole. (*Exclamations !*)

M. DU MIRAL. — Je voudrais bien, mais Rouher ne veut pas, fouchtra !

M. E. PICARD. — Quand on a un rapporteur comme celui-là, on le change ! (*Agitation indescriptible.*)

L'élève Gressier, qui a reçu un chassepot monté en épingle, couche en joue le pétulant député de la Seine. L'anxiété est à son comble. Le conciliant Creuzet s'interpose. Les collègues reconnaissent qu'il y a eu malentendu et se serrent la main. Creuzet (*du Cantal*) les bénit.

M. LE DUC DE RIVOLI. — *Prix de bonnes intentions :* M. le baron de Benoist.

Prix d'absence : M. Bravay. *Accessit :* M. Barbantane.

Prix de moustaches : le vicomte de Clary.

Prix d'embonpoint : M. Calvet Rogniat.

Prix d'agréments physiques : ex æquo, MM. Léopold Javal, de Sainte-Hermine et Malezieux.

Prix d'impatience : (le compère) Mathieu.

M. SCHNEIDER. — Nous allons décerner le prix d'honneur. (*Profond silence.*) Ce n'est pas sans mûres réflexions que l'heureux lauréat a été désigné. Je ne doute pas que vos suffrages ne ratifient notre choix.

M. E. PELLETAN. — Faut voir.

M. SCHNEIDER. — M. de Guilloutet, venez recevoir votre prix... — (*Mouvements divers.*)

Le jeune de Guilloutet s'avance sous les regards humides des mères. Les mouchoirs s'agitent.

A ce moment, par un truc ingénieux, le plancher de la tribune s'ouvre et il en sort un génie personnifiant l'article 11. En même temps un chœur de voix invisibles chante :

A jamais tu seras chanté,
Homme de bronze ;
Tu sauvas la société
Par l'article onze.

Ton nom rayonne calme et pur
Sur notre France,
O toi ! l'auteur du fameux mur,
Notre espérance.

Laisse gronder les chroniqueurs
Qui, dans leur rage,
Assiégent de leurs traits moqueurs
Ton bel ouvrage,

Nous savons bien ce que tu vaux;
Avec ta canne,
Va dans l'Olympe où Delesveaux,
Radieux plane.

M. SCHNEIDER. — Est-ce assez réussi comme mise en scène? — En avant la musique!

La séance est levée sur une symphonie en *la* mineur.

M. DARIMON (*sortant de son pupitre.*) — Sauvé! merci, mon Dieu!

IMPRIMERIE PARISIENNE. — F. DUFOUR ET Ce, boulevard Bonne-Nouvelle, 26, et impasse Bonne-Nouvelle, 5.

www.ingramcontent.com/pod-product-compliance
Ingram Content Group UK Ltd.
Pitfield, Milton Keynes, MK11 3LW, UK
UKHW020511230726
13925UKWH00005B/2137

9 782014 054248